Tina Kresse, Susanne McCafferty, Alisa Schied

Anschluss finden

Deutsch 4

Grundlagentraining

Leseheft

Name: ______________________________

Klasse: ______________

Mit dem Fahrrad im Urlaub

Lisas und Peters Familie plante, mit dem Flugzeug nach Kreta zu fliegen. Doch in den Kindernachrichten im Fernsehen sah Peter diese Nachricht: Fliegen ist schädlich für die Umwelt. Also fuhr die Familie mit dem Fahrrad nach Österreich.

Die Eltern kauften einen Radanhänger, damit sie das Zelt, die Schlafsäcke, das Essen und das Geschirr mitnehmen konnten. Sie dachten auch an das Reparaturset für die Fahrräder. Alle vier hatten auch noch Taschen am Fahrrad für ihre Kleidung und ihre Waschsachen.

Endlich ging es los. Doch schon nach wenigen Kilometern hatte Peter einen platten Reifen. Mama sagte: „Dafür haben wir das Reparaturset.“ Gemeinsam flickten sie den Reifen und fuhren weiter.

Als Erstes radelten sie zu einer alten Burg. Zur Burg ging es einen steilen Berg hinauf. Oben sahen sie sich die Burg an und machten Pause. Am Abend fuhren sie zu einem schönen Zeltplatz. Sie stellten sich an einer kleinen Imbissbude an, damit sie leckere Pommes essen konnten. Nach dem Essen und Zähneputzen krochen sie ins Zelt. Sie waren hundemüde.

Während der ganzen Reise sahen sie viele Burgen, Wälder, Wiesen, Berge, Flüsse und Städte. Nach zehn Tagen fuhren sie mit dem Zug nach Hause. In der Schule erzählte Peter seinen Freunden von seinem wunderschönen, umweltfreundlichen Urlaub.

1		planen	machen wollen
2	die	Kindernachrichten	Nachrichten für Kinder
3		schädlich	schlecht
3	die	Umwelt	die Natur
5	der	Radanhänger	
5	das	Zelt	
6	der	Schlafsack	
7	das	Reparaturset	
10		platt	flach, keine Luft mehr im Reifen
11		flicken	reparieren
12		radeln	mit dem Fahrrad fahren
14	der	Zeltplatz	ein Platz für Zelte
15	die	Imbissbude	ein kleines Häuschen, aus dem Essen verkauft wird
16		kriechen	langsam am Boden bewegen
20		umweltfreundlich	gut für die Natur

1 → Leseheft Seite 2

plante
sah
ist
fuhr
kauften
mitnehmen konnten
dachten
hatten
ging

hatte
sagte
haben
flickten
fuhren weiter
radelten
ging
sahen an
machten

fuhren
stellten an
essen konnten
krochen
waren
sahen
fuhren
erzählte

Die Fahrradprüfung

Die Kinder der Klasse 4 erzählen von ihrer Radfahrausbildung:

1

Lara erzählt: „Vor dem ersten Tag in der Verkehrsschule bin ich sehr aufgeregt gewesen. Ich habe Angst gehabt, weil ich noch nicht so oft Fahrrad gefahren bin."

2

Henok meint: „Ich bin nicht ängstlich gewesen. Die Verkehrsschule ist wie ein Spielplatz. Ich habe lustige kleine Verkehrsschilder und kleine Straßen gesehen."

3

Sophie sagt: „Die Verkehrspolizisten sind sehr nett. Ich habe auch die Uniform der Polizisten sehr schön gefunden. Ich habe sogar den Hut getragen."

4

Keira findet: „Die schriftliche Fahrradprüfung ist wie ein Test. Ich habe den Test im Klassenzimmer geschrieben. Ich habe vorher in der Schule und zu Hause viel geübt."

5

Jakob ergänzt: „Bei der praktischen Fahrradprüfung bin ich auf der Straße gefahren. Ich habe mich an alle Regeln gehalten. Ich bin sicher gefahren."

6

Emre erzählt: „Ich habe meinen Führerschein bekommen. Ich bin mit meinem Fahrrad gleich am nächsten Tag in die Schule gefahren."

1	die Radfahrausbildung	du lernst, mit deinem Fahrrad sicher auf der Straße zu fahren
2	die Verkehrsschule	hier üben Polizisten mit Kindern, wie sie sicher Fahrrad fahren können
6	das Verkehrsschild	
9	die Uniform	Arbeitskleidung
11	die schriftliche Fahrradprüfung	du musst einen Test über Regeln auf der Straße schreiben
14	ergänzen	noch dazu sagen
14	die praktische Fahrradprüfung	du musst mit dem Fahrrad zeigen, dass du alle Regeln kennst
16	der Führerschein	ein Papier, das du bekommst, wenn du die Fahrradprüfung geschafft hast

1  → Leseheft Seite 4

ich war	ich bin gewesen	ich bin
ich hatte	ich habe gehabt	ich habe
ich fuhr	ich bin gefahren	ich fahre
ich sah	ich habe gesehen	ich sehe
ich fand	ich habe gefunden	ich finde
ich trug	ich habe getragen	ich trage
ich schrieb	ich habe geschrieben	ich schreibe
ich übte	ich habe geübt	ich übe
ich hielt	ich habe gehalten	ich halte
ich bekam	ich habe bekommen	ich bekomme

Interview mit einem Sieger

Elias und Flo sind beste Freunde. Sie gehen in die gleiche Klasse, sie spielen gerne Computerspiele, sie sind beide sehr sportlich und sie machen zusammen Leichtathletik. Zwischen den beiden gibt es eigentlich nur einen Unterschied. Elias ist klein. Viel kleiner als viele Kinder in seinem Alter. Er ist kleinwüchsig.

Flos Onkel Leo ist auch kleinwüchsig. Er trainiert im gleichen Verein wie Elias und Flo. Er war sogar schon bei den Paralympischen Spielen und gewann eine Medaille. Er ist ein echter Sieger. Für Elias und Flo ist er ein Vorbild. Nach dem Training machen sie mit Leo ein Interview.

E+F: Hast du in der Schule Probleme gehabt, weil du so klein bist?

Leo: Seit ich etwa sechs Jahre alt gewesen bin, bin ich nicht mehr gewachsen. Aber für meine Familie und meine Freunde bin ich immer ganz normal gewesen.

E+F: Ist es schon einmal schwierig gewesen, weil du so klein bist?

Leo: Eigentlich nicht. Nur manchmal muss ich auf einen Stuhl steigen, um mir etwas zu holen. Ich bin auch schon vom Stuhl gefallen.

E+F: Waren deine Eltern anders zu dir?

Leo: Nein, überhaupt nicht. Ich habe einen großen Bruder und eine kleine Schwester. Für meine Eltern sind wir alle gleich. Und mit meinen Geschwistern habe ich genauso gestritten wie alle Kinder.

E+F: Welche Tipps kannst du Kindern geben, die anders sind als andere?

Leo: Es ist nicht wichtig, wie du aussiehst oder wie groß du bist. Wichtig ist, dass du dich selbst magst.

3	die Leichtathletik	viele Sportarten im Freien, z.B. springen, laufen, werfen
4	der Unterschied	was anders ist
5	kleinwüchsig	kleiner als andere Menschen
7	der Verein	viele Leute, die etwas zusammen machen (Sport, Musik ...)
9	die Paralympischen Spiele	Olympische Spiele für Menschen mit Behinderung
10	die Medaille (gesprochen: Medallje)	
11	der Sieger	jemand, der im Spiel oder beim Sport gewonnen hat
12	das Vorbild	jemand, den man so toll findet, dass man so sein oder werden möchte
13	das Interview (gesprochen: Interwju)	jemandem Fragen stellen
14	das Problem	die Schwierigkeit
25	der Tipp	sagen, was du tun könntest

1 → Leseheft Seite 6

ich wuchs	ich bin gewachsen	ich wachse
ich fiel	ich bin gefallen	ich falle
ich stritt	ich habe gestritten	ich streite

Du bist doof!

Ben und Mia gehen in die Klasse 4 b. Jeden Morgen laufen sie mit den anderen Kindern zur Schule. Sie reden und lachen. Sie sind ganz normale Kinder in einer ganz normalen Klasse. Aber etwas ist anders.

Wer Mia genau anschaut, merkt, dass Mia anders aussieht als die anderen Mädchen. Ihr Gesicht ist breiter, ihre Augen sind schmaler und stehen weit auseinander. Mia kann nicht lange ruhig sitzen. Sie beginnt manchmal einfach zu lachen. Viele Kinder lachen dann mit. Mias Lachen ist ansteckend. So ist es oft sehr lustig im Unterricht.

Ben sieht nicht anders aus als die anderen Jungen. Aber er bekommt leichtere Aufgaben als die anderen Kinder. Ben ist der Größte, doch seine Aufgaben sind leichter. Vieles in der Schule ist sehr schwierig für Ben.

Ein neuer Junge kommt in die Klasse. Er heißt Jan. Jan sieht Mia und ruft: „Du siehst ja komisch aus!“ Mia erschrickt. Die anderen Kinder in der Klasse sagen: „Mia ist unsere Freundin. Sie ist sehr lustig und lieb. Sei nicht so gemein zu ihr.“ Ben macht gerade seine Aufgaben. Jan sieht zu und lacht: „Das sind ja Baby-Aufgaben. Du bist doof!“ Aber die anderen Kinder in der Klasse sagen: „Ben ist nicht doof. Er kann super Fußball spielen und beim Zeichnen ist er der Beste.“

Jan denkt nach und meint: „Es tut mir leid. In meiner alten Schule waren viele Kinder gemein zu mir. Schön, dass ihr so nett seid.“

6		beginnen	anfangen
8	das	Lachen ist ansteckend	das sagen wir, wenn jemand lacht und wir mitlachen müssen
13		komisch	merkwürdig, seltsam, kann manchmal auch lustig heißen
13		erschrecken	plötzlich Angst bekommen
15		gemein	böse, fies
16		doof	dumm, blöd

1 ☑

Mias Lachen ist ansteckend.

a) ☐ Wenn Mia lacht, dann lachen nur manche Kinder mit.

b) ☐ Wenn Mia lacht, lacht sie meistens alleine.

c) ☐ Wenn Mia lacht, dann müssen immer alle Kinder mitlachen.

d) ☐ Wenn Mia lacht, dann lacht nur die Lehrerin.

Was ist gemein?

e) ☐ Wenn man der Oma Blumen schenkt.

f) ☐ Wenn man andere Kinder auslacht.

g) ☐ Wenn man früh morgens den Tisch deckt.

h) ☐ Wenn man freiwillig sein Zimmer aufräumt.

Mia beginnt zu lachen.

i) ☐ Mia lacht nicht mehr.

j) ☐ Mia lacht immer.

k) ☐ Mia lacht nie.

l) ☐ Mia fängt an zu lachen.

Ganz ohne Internet?

In den Ferien räumten Lisa und Peter mit ihren Eltern den Keller auf. Dabei entdeckten sie ein altes Telefon. Lisa nahm den Hörer in die Hand und schaute ihn genau an. „Wo ist denn das Display?“, fragte sie ihren Vater. „Und wo gibt man die Nummer ein?“, ergänzte Peter.

„Früher gab es noch keine Smartphones. Die Telefone hatten kein Display“, erklärte der Vater. Die Eltern erklärten auch, dass das Telefon ein Kabel hatte. Dieses Kabel musste man in eine spezielle Steckdose einstecken. Man konnte mit dem Telefon nicht weit von der Steckdose weggehen. Denn das Kabel war nicht sehr lang.

„Und was konnte man alles mit dem Telefon machen?“, wollte Peter wissen. „Nur telefonieren“, lachte der Vater. Das konnten sich Peter und Lisa nicht vorstellen. Sie erzählten: „Für ein Smartphone braucht man kein Kabel und keine spezielle Steckdose, nur ein Ladegerät. Ein Smartphone hat ein großes Display. Man kann damit nicht nur telefonieren, sondern auch spielen, Nachrichten schreiben, Videos anschauen und im Internet surfen.“

„Aber das Internet gab es doch früher auch, oder?“, fragte Lisa ihre Mutter. Diese schüttelte den Kopf. „Wenn nun die Kinder etwas für die Schule nachschauen sollten?“ „Das mussten die Kinder in Büchern nachlesen“, erklärte Mama. Peter und Lisa konnten es kaum glauben, dass diese Zeit erst 30 Jahre her war. „Ich muss jetzt erst einmal Meliz anrufen und ihr davon erzählen“, sagte Lisa.

2	der	Hörer	
3	das	Display	
4		eingeben	in einen Computer oder Smartphone tippen
5	das	Smartphone	
7	das	Kabel	
7		speziell	besonders
7	die	Steckdose	
16		im Internet surfen	etwas im Internet nachschauen

1

Welche Dinge brauchte ein altes Telefon?

a) ☐ ein Kabel

b) ☐ eine spezielle Steckdose

c) ☐ ein Display

d) ☐ das Internet

Was gehört zu einem Smartphone?

e) ☐ eine spezielle Steckdose

f) ☐ ein Ladegerät

g) ☐ ein Display

h) ☐ ein Hörer

Was mache ich, wenn ich im Internet surfe?

i) ☐ Ich lese im Internet etwas nach.

j) ☐ Ich schreibe meiner Tante einen Brief.

k) ☐ Ich telefoniere mit meinem Opa.

l) ☐ Ich suche im Internet nach einer Information.

WAS SIND MEDIEN ÜBERHAUPT?

Medien wie Zeitungen, Bücher, Fernsehen und Radio vermitteln Informationen. Auch alle Geräte, mit denen man ins Internet gehen kann, sind Medien. Das können Smartphones, Tablets, Computer oder Laptops sein, aber auch mit dem Internet verbundene Fernsehgeräte oder Spielekonsolen.

Wie lange dürfen Kinder elektronische Medien nutzen?

Die elektronischen Medien machen Spaß. Außerdem können Kinder durch sie viel Neues erfahren und mit ihnen lernen. Auch wenn viele Kinder einen Teil der Zeit mit Lernen am Tablet oder Computer verbringen, spielen sie doch meistens. Wissenschaftler sagen, dass Grundschulkinder höchstens 60 Minuten pro Tag mit elektronischen Medien lernen und spielen sollen. Damit sind alle Geräte zusammen gemeint.

Anton schreibt eine Woche lang auf, wie lange er die Medien nutzt:

Antons Mediennutzung

Tag	Fernseher	Spielekonsole	Smartphone	Tablet
Montag	30 Minuten	60 Minuten	30 Minuten	--
Dienstag	--	60 Minuten	40 Minuten	30 Minuten
Mittwoch	--	--	20 Minuten	40 Minuten
Donnerstag	60 Minuten	60 Minuten	30 Minuten	--
Freitag	--	40 Minuten	--	20 Minuten
Samstag	90 Minuten	60 Minuten	40 Minuten	30 Minuten
Sonntag	90 Minuten	90 Minuten	60 Minuten	60 Minuten

Anton und seine Eltern sind erstaunt, wie viel Zeit er vor den Medien verbringt. Sie machen einen Plan. Anton darf jeden Tag höchstens 60 Minuten an den elektronischen Medien verbringen.

2		vermitteln	weitergeben
3	das	Gerät	Gegenstand; Smartphone, Tablet und Fernseher sind Geräte
7		elektronisch	Gerät mit Technik, das Strom braucht
7		nutzen	benutzen, verwenden
9		erfahren	etwas Neues kennenlernen
12		höchstens	nicht mehr als
12		pro	jeden
25		erstaunt	überrascht
25		Zeit verbringen	wie lange wir etwas machen

1 ☑☑

Geräte sind …

a) ☐ Tablets

b) ☐ Pflanzen

c) ☐ Hunde

d) ☐ Fernseher

Antons neues Spiel kostet höchstens 40 Euro.

e) ☐ Das Spiel kostet nicht mehr als 40 Euro.

f) ☐ Das Spiel kostet genau 40 Euro.

g) ☐ Das Spiel kostet 40 Euro oder weniger als 40 Euro.

h) ☐ Das Spiel kostet mehr als 40 Euro.

Anton hat pro Schultag eine Hausaufgabe.

i) ☐ Er hat an einem Tag in der Woche eine Hausaufgabe.

j) ☐ Er hat jeden Schultag eine Hausaufgabe.

k) ☐ Er hat einmal in der Woche eine Hausaufgabe.

l) ☐ Er hat montags, dienstags, mittwochs, donnerstags und freitags Hausaufgaben.

Feueralarm in der Schule

Liebe Regenbogenschüler, hier spricht Valentino.

Am fünften Februar hat es an der Regenbogenschule einen Feueralarm gegeben.

Mitten in der Mathematikstunde haben wir einen lauten Alarmton gehört. Für uns Viertklässler ist das nicht neu gewesen. Jedes Jahr üben wir mit unserer Lehrerin, was wir bei Feueralarm machen sollen.

Wir sind zur Tür gegangen. Die Lehrerin hat die Fenster zugemacht. Das ist wichtig, denn wenn es wirklich ein Feuer gibt, wird es durch die Luft stärker. Dann hat sie das Klassenbuch genommen und wir haben schnell das Schulhaus verlassen. Die Schulranzen und Jacken haben wir im Schulhaus gelassen.

Draußen sind wir zum Hof der Nachbarschule gegangen. Dort haben wir uns hintereinander aufgestellt. Die Lehrerin hat uns gezählt.

Die kleinen Erstklässler sind sehr aufgeregt gewesen. Sie haben gedacht, dass es brennt. Dann ist die Rektorin gekommen und hat jede Lehrerin gefragt, ob die Klasse vollzählig ist. Zum Glück sind alle dagewesen.

Dann sind wir wieder schnell in die Schule gegangen. Es ist nämlich sehr kalt gewesen.

Die Rektorin hat durch die Sprechanlage gesagt, dass das Gebäude in eineinhalb Minuten leer war. Sie hat uns sehr dafür gelobt.

Für die Mathematikstunde ist nicht mehr viel Zeit geblieben. Ich habe das nicht so schlimm gefunden. Mathe ist nicht gerade mein Lieblingsfach.

3	der Feueralarm	ein lauter Ton, der uns sagt, dass es brennt, manchmal hören wir ihn auch nur zur Übung
4	der Alarmton	der laute Ton, den wir beim Feueralarm hören
12	die Nachbarschule	die Schule in der Nähe
13	hintereinander	
16	vollzählig	alle sind da

1  → Leseheft Seite 14

es gab	es hat gegeben	es gibt
wir hörten	wir haben gehört	wir hören
wir gingen	wir sind gegangen	wir gehen
sie machte zu	sie hat zugemacht	sie macht zu
sie nahm	sie hat genommen	sie nimmt
wir verließen	wir haben verlassen	wir verlassen
wir ließen	wir haben gelassen	wir lassen
wir stellten auf	wir haben aufgestellt	wir stellen auf
sie zählte	sie hat gezählt	sie zählt
sie dachten	sie haben gedacht	sie denken
sie kam	sie ist gekommen	sie kommt
sie fragte	sie hat gefragt	sie fragt
sie sagte	sie hat gesagt	sie sagt
sie lobte	sie hat gelobt	sie lobt
es blieb	es ist geblieben	es bleibt

Bei der Feuerwehr

Ist Feuerwehrfrau oder Feuerwehrmann ein Beruf?
Es gibt zwei verschiedene Feuerwehren: Die Berufsfeuerwehr und die Freiwillige Feuerwehr. In großen Städten gibt es eine Berufsfeuerwehr. Der Beruf der Frauen und Männer dort ist Feuerwehrfrau und Feuerwehrmann. Die Freiwillige Feuerwehr gibt es oft in kleineren Orten. Hier haben die Feuerwehrfrauen und Feuerwehrmänner noch andere Berufe. Bei einem Einsatz werden sie über ein Alarmgerät gerufen. Das haben sie immer dabei. Zur Freiwilligen Feuerwehr können auch Kinder gehen. Sie lernen dort, wie man Brände löscht und Menschen, Tiere und Häuser rettet.

Welche Aufgaben hat die Feuerwehr?
Bei Bränden: Die Feuerwehrfrauen und Feuerwehrmänner müssen Brände löschen. Manchmal müssen sie mit Leitern in brennende Häuser klettern, brennende Häuser stürmen, durch brennende Häuser kriechen und Menschen und Tiere retten. Dazu tragen sie feuerfeste Kleidung.
Bei Unwettern: Nach einem Hochwasser pumpen sie Keller aus. Sie pumpen Wasser ab, wenn Straßen überflutet sind. Sie sägen Bäume ab, wenn sie nach einem Sturm umfallen.
Bei Autounfällen: Bei Autounfällen können sie mit einer elektrischen Schere die Autos aufschneiden, wenn die Leute darin eingeklemmt sind. Bis die Rettungswagen da sind, müssen sie sich um Verletzte kümmern.

Wie kann ich Feuerwehrfrau oder Feuerwehrmann werden?
Du brauchst einen Schulabschluss und eine Handwerkerlehre, um eine Ausbildung bei der Feuerwehr machen zu können. Außerdem musst du sportlich und gesund sein und sehr gut schwimmen können.

1	der	Beruf	die Arbeit, der Job
3		freiwillig	wenn du etwas gerne machen möchtest, du bekommst dafür kein Geld
7	der	Einsatz	wenn die Feuerwehr oder die Polizei dort hinfährt, wo etwas passiert ist
7	das	Alarmgerät	Gerät, das eine Nachricht schickt, wenn die Feuerwehr zu einem Einsatz muss
9	der	Brand	wenn etwas brennt
9		löschen	wegmachen, ausmachen
13		stürmen	schnell in etwas hineinrennen
14		feuerfest	es kann nicht brennen
15	das	Unwetter	sehr schlechtes Wetter, oft mit starkem Regen, Sturm und Gewitter
15		auspumpen	Wasser mit einer Pumpe herausziehen
21		eingeklemmt	zwischen etwas feststecken
26	der	Schulabschluss	wenn du fertig mit der Schule bist
27	die	Handwerkerlehre	wenn du den Beruf eines Handwerkers lernst, z. B. Bäcker, Elektriker, Schreiner
27	die	Ausbildung	wenn du nach der Schule einen Beruf lernst

1 ☑

Was ist kein Beruf?

a) ☐ Bäcker, Bäckerin
b) ☐ Lehrer, Lehrerin
c) ☐ Hund, Hündin

Was ist feuerfest?

d) ☐ Stein
e) ☐ Holz
f) ☐ Papier

Bin ich verliebt?

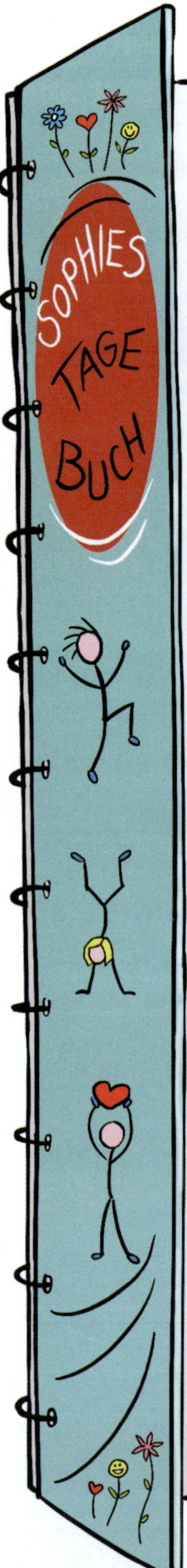

Samstag, 27. April

Liebes Tagebuch,
ein neuer Junge ist in unserer Schule. Er ist ein bisschen größer als ich. Seine Haare sind dunkelbraun und lockig. Seine Augen sind auch dunkelbraun und er hat lange, schwarze Wimpern. Das gefällt mir. Sein Name ist Luca.

Nach den Ferien traf ich ihn auf dem Flur vor unserem Klassenzimmer. Er lächelte freundlich. Dann fragte Luca nach dem Zimmer der 4b. Ich erzählte ihm, dass ich auch in die 4b gehe und zeigte ihm das Zimmer.

Im Klassenzimmer rannten die anderen Jungen zu Luca. Sie fragten ihn, woher er kommt. Er kommt aus Italien. Das finde ich spannend. Lucas Lieblingsfach ist Musik. Ich liebe Musik auch. Er spielt Gitarre. Ich spiele Klavier.

Vorgestern kam Luca zu mir nach Hause. Wir machten zusammen Musik. Er spielte Gitarre und ich Klavier. Das hörte sich richtig gut an. Wir mögen auch die gleichen Lieder. Es war sehr schön.

Die meisten Jungen reden nicht gerne mit Mädchen. Sie finden Mädchen blöd. Luca ist nett zu Mädchen.

Jedes Mal, wenn ich Luca sehe, kribbelt es in meinem Bauch. Mit meiner besten Freundin Diana kann ich darüber reden. Sie meint, dass ich verliebt bin. Ich weiß es nicht. Bin ich verliebt?

4 lockig

6 die Wimpern

14 die Gitarre

14 das Klavier

21 im Bauch kribbeln – wenn du aufgeregt bist

22 darüber – über etwas

1 ☑

Gitarre und Klavier sind ...

a) ☐ Musikinstrumente

b) ☐ Tiere

c) ☐ Kleidungsstücke

Wimpern und Haare sind ...

d) ☐ Hobbys

e) ☐ Körperteile

f) ☐ Gemüsesorten

2 ☑

Sophie und Diana reden über die Jungs in ihrer Klasse.

g) ☐ Sie reden darunter.

h) ☐ Sie reden darüber.

i) ☐ Sie reden dazwischen.

Es kribbelt in Sophies Bauch, wenn sie Luca sieht.

j) ☐ Sie ist krank.

k) ☐ Ihr Bauch tut weh.

l) ☐ Sie ist aufgeregt.

Zukunftsträume

Heute sprechen wir über Zukunftsträume: Wie stellt ihr euch eure Zukunft vor?

Ich werde Musiker sein. Ich werde in einer Band spielen. Damit werde ich viel Geld verdienen. Dann werde ich um die ganze Welt reisen. Ich werde viele Menschen treffen.

Ich werde Ärztin sein. Ich werde kranken Kindern helfen. Außerdem werde ich drei Kinder haben. Mit meinen Kindern werde ich viel spielen und ich werde mit ihnen auch Musik machen.

Ich werde Tänzerin in einem Ballett sein. Ich werde berühmt sein. Ich werde auf einer Bühne stehen. Hoffentlich werde ich als Primaballerina tanzen.

Ich werde Pilot sein. Dadurch werde ich die ganze Welt sehen. Ich werde mit großen Flugzeugen fliegen. Jeden Tag werde ich in einer anderen Stadt oder in einem anderen Land sein.

Ich werde Lehrerin sein. Ich werde mit den Kindern viel üben. Lesen, Schreiben und Rechnen. Ich werde an einer Schule arbeiten. Ich werde immer freundlich zu den Kindern sein.

1	der	Zukunftstraum	das wünschst du dir, wenn du groß bist
2	die	Zukunft	Zeit, die noch kommt
3	die	Band	Musikgruppe
11	das	Ballett	ein Tanz auf einer Bühne
12		berühmt	viele Leute kennen dich
13	die	Primaballerina	die wichtigste Tänzerin beim Ballett
14	der	Pilot	er fliegt ein Flugzeug

1 → Leseheft Seite 20

ich war	ich bin gewesen	ich bin	ich werde sein
ich spielte	ich habe gespielt	ich spiele	ich werde spielen
ich verdiente	ich habe verdient	ich verdiene	ich werde verdienen
ich reiste	ich bin gereist	ich reise	ich werde reisen
ich traf	ich habe getroffen	ich treffe	ich werde treffen
ich half	ich habe geholfen	ich helfe	ich werde helfen
ich hatte	ich habe gehabt	ich habe	ich werde haben
ich machte	ich habe gemacht	ich mache	ich werde machen
ich stand	ich habe gestanden	ich stehe	ich werde stehen
ich tanzte	ich habe getanzt	ich tanze	ich werde tanzen
ich sah	ich habe gesehen	ich sehe	ich werde sehen
ich flog	ich bin geflogen	ich fliege	ich werde fliegen
ich übte	ich habe geübt	ich übe	ich werde üben
ich arbeitete	ich habe gearbeitet	ich arbeite	ich werde arbeiten

Astrid Lindgren – Ein Leben voller Bücher

1

Die Autorin Astrid Lindgren wurde 1907 in Schweden geboren. Sie lebte in ihrer Kindheit in Vimmerby auf dem Land. Viele Kinder kennen diese wunderschöne Gegend aus ihren Büchern oder Filmen. Besonders gut kann man dies bei der Verfilmung ihres Buches „Michel aus Lönneberga“ sehen.

2

Astrid Lindgren hatte einen Sohn und eine Tochter. Sie lebten ab 1931 zusammen in Stockholm. In den Jahren 1937–1945 arbeitete Lindgren als Stenografin, das ist so etwas wie eine Sekretärin. 1941 wurde ihre Tochter Karin sehr krank. Jeden Tag erzählte Astrid Lindgren ihr selbst erfundene Geschichten. Vor allem Erzählungen über die bärenstarke „Pippi Langstrumpf“ mochte Karin am liebsten. Astrid Lindgren bot die Geschichte einem Verlag an. Dieser Verlag wollte die Geschichte aber nicht veröffentlichen.

3

Astrid Lindgren veränderte „Pippi Langstrumpf“ und zeigte sie einem anderen Verlag. Diesem Verlag gefiel ihre Geschichte und er veröffentlichte sie. Danach wollten viele Verlage plötzlich ihre Geschichten haben. Im Laufe ihres langen Lebens schrieb sie 34 Bücher für Kinder und Erwachsene und 41 Bilderbücher. Sie wurde die erfolgreichste Kinderbuchautorin der Welt.

4

Astrid Lindgren starb im Jahr 2002 im Alter von 94 Jahren. Ihre Wohnung in Stockholm kann man heute als Museum besichtigen.

1	die	Autorin	ein Beruf, sie schreibt Bücher
1		Schweden	ein Land im Norden Europas
2	die	Kindheit	die Zeit, wenn du ein Kind bist
2		Vimmerby	ein kleiner Teil Schwedens
3	die	Gegend	ein Teil eines Landes
4	die	Verfilmung	wenn aus einem Buch ein Film gemacht wird
7		Stockholm	die Hauptstadt Schwedens
8	die	Stenografin	ein Beruf, sie muss sehr schnell mitschreiben können, wenn jemand redet
8	die	Sekretärin	ein Beruf, sie arbeitet in einem Büro, es gibt sie auch in der Schule
11		anbieten	fragen, ob jemand etwas möchte
12	der	Verlag	eine Firma, die Bücher macht
13		veröffentlichen	wenn es jeder lesen oder sehen kann
18		erfolgreich	berühmt, bekannt
21		besichtigen	anschauen

1 ☑

Was ist eine Verfilmung?

a) ☐ Aus einem Buch wird ein Theaterstück gemacht.

b) ☐ Ein Theaterstück wird auf der Bühne aufgeführt.

c) ☐ Aus einem Buch wird ein Film gemacht.

Wie nennt man eine Frau, die Bücher oder Geschichten schreibt?

d) ☐ eine Sekretärin

e) ☐ eine Autorin

f) ☐ eine Stenografin

Ein Wettrennen um die Welt

1

Nellie Bly (sprich: Nelli Blei) wurde 1864 in Amerika geboren. Sie wollte unbedingt **Reporterin** werden. Das war vor 140 Jahren **ungewöhnlich**. Frauen sollten zu Hause bleiben, kochen und putzen und keinen Beruf haben.

2

1884 durfte sie für eine Zeitung ihren ersten Zeitungsartikel schreiben. Aber die Chefs der Zeitung wollten, dass sie nur über Kinder und Haushalt schrieb. Deshalb ging Nellie Bly 1887 nach New York. Dort arbeitete sie bei der großen Zeitung *New York World*. Sie schrieb viele **kritische Artikel** über Dinge, die in Amerika nicht gut waren. Zum Beispiel, dass viele Frauen schlecht behandelt wurden.

3

Ihr Chef las zu dieser Zeit das Buch „In 80 Tagen um die Welt“ von Jules Verne. In diesem Buch reist ein Mann in 80 Tagen um die ganze Welt. Nellie Blys Chef hatte eine Idee. Er wollte, dass sie auch **um die Welt reisen** und ihre Erlebnisse aufschreiben sollte. Aber Nellie sollte versuchen, schon in 75 Tagen wieder zu Hause zu sein. 1889 war es normal, dass man riesige Koffer mitnahm. Aber Nellie hatte nur eine kleine Reisetasche dabei. Die konnte sie selbst tragen. Im November ging sie mutig **Richtung Osten** los. Während ihrer Fahrt schrieb sie alles auf, was sie erlebte. Sie mochte viele Menschen nicht, denen sie auf ihrer Weltreise begegnete. Deshalb waren ihre **Berichte** oft **unfreundlich**.

4

Was Nellie nicht wusste, war, dass eine andere Frau zur gleichen Zeit um die Welt reiste. Die Amerikanerin **Elizabeth Bisland** arbeitete auch als **Reporterin** in New York. Ihr Chef schickte sie **Richtung Westen** um die Welt. Elizabeth schaffte es in **76 Tagen**. Ihre **Berichte** waren **freundlicher** als Nellies. Aber Nellie war schneller. Sie reiste in **72 Tagen**, sechs Stunden, elf Minuten und 14 Sekunden einmal um die Welt.

2	die	Reporterin	Beruf, sie schreibt für eine Zeitung
3		ungewöhnlich	nicht normal
7	der	Chef	Boss, Vorgesetzter, darf den anderen Aufgaben geben
8	der	Haushalt	die Arbeiten zu Hause, zum Beispiel kochen, putzen, waschen, backen, nähen
9		New York	(sprich: Nu Jork) Stadt in Amerika
10		kritisch	auch Dinge sagen, die andere vielleicht nicht hören wollen
14		Jules Verne	(sprich: Schül Wern) berühmter Autor
16	das	Erlebnis	was du erlebst
20	die	Richtung	wo es hingeht
20	der	Osten	Himmelsrichtung, es gibt noch Norden, Süden und Westen
22		begegnen	treffen
22	der	Bericht	etwas aufschreiben oder erzählen, das man sieht oder erlebt
22		unfreundlich	nicht nett
25	der	Westen	Himmelsrichtung

1

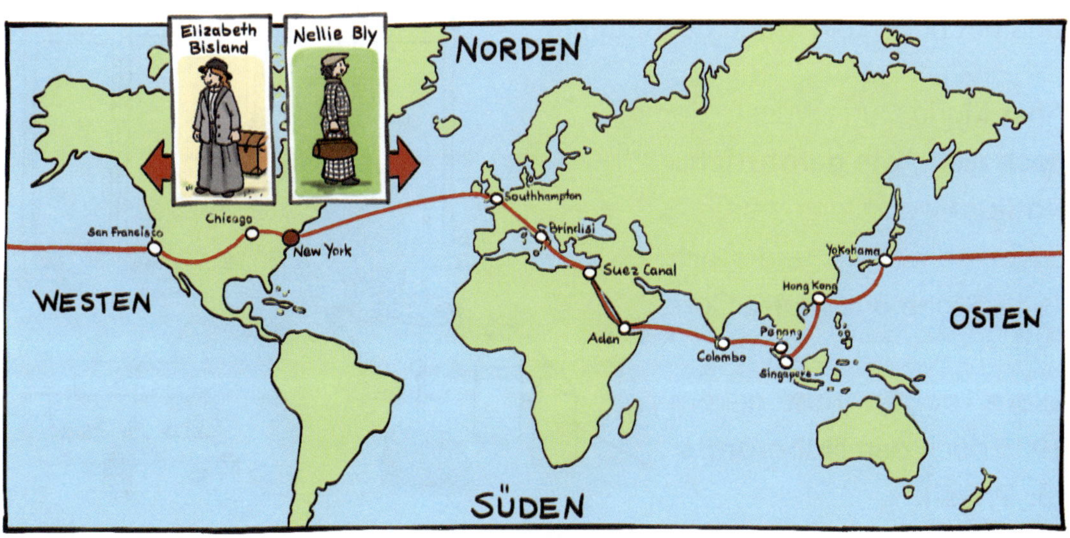

Marie Curie

Maria Skłodowska wurde am 7. November 1867 in Warschau geboren. Marie wollte **studieren**. Dafür musste sie nach Frankreich gehen, weil Frauen in Polen damals noch nicht studieren durften. Also studierte sie an der berühmten **Pariser Universität Sorbonne**. In Paris lernte sie ihren **Mann** kennen, **Pierre Curie** (sprich: Pjär Küri). Er war Lehrer für Physik und Chemie an einer anderen Universität. Nach der Hochzeit hieß sie Marie Curie (sprich: Mari Küri).

Bald **studierte** Marie nicht nur **Physik**, sondern auch noch **Mathematik**. Zusammen mit ihrem Mann hatte sie einen kleinen Schuppen, der ihr Labor wurde. Sie suchten ein neues chemisches Element. Nach vielen Versuchen entdeckten sie das Element **Radium**, das aus bestimmten schwarzen Steinen gewonnen wurde. Radium war und ist wichtig für die Medizin, besonders bei der **Behandlung von Krebs**, einer sehr schlimmen Krankheit. Maries und Pierres Entdeckung war so wichtig, dass sie 1903 den **Nobelpreis für Physik** dafür bekamen.

Leider starb **Pierre Curie** kurze Zeit später bei einem **Verkehrsunfall**. Marie arbeitete weiter an der Universität in Paris. Das machte sie so gut, dass sie im Jahr 1911 auch noch den **Nobelpreis für Chemie** bekam. Das hat noch kein Mann geschafft.

Aber Marie Curie wusste damals noch nicht, wie **gefährlich** **Radium** war. Marie wurde davon sehr krank und **starb** 1934. Marie und Pierre Curie hatten zwei Töchter. Ihre ältere **Tochter Irène** bekam 1935 auch den **Nobelpreis für Physik**.

1		Warschau	Hauptstadt von Polen
2		studieren	lernen
4	die	Universität	eine Schule für Erwachsene; hier kannst du verschiedene Wissenschaften studieren
5	die	Physik	eine Wissenschaft, die versucht, unsere Natur zu erklären
6	die	Chemie	eine Wissenschaft, die Stoffe untersucht
9	der	Schuppen	eine Hütte
10	das	Labor	Arbeitsplatz eines Wissenschaftlers
10	das	chemische Element	ein Stoff, der in der Chemie untersucht wird
11		entdecken	finden
11	das	Radium	gefährliches chemisches Element
13	die	Medizin	eine Wissenschaft, die versucht, Menschen und Tiere gesund zu machen
13	die	Behandlung	versuchen, jemanden wieder gesund zu machen
13	der	Krebs	eine gefährliche Krankheit
15	der	Nobelpreis	wichtigster Preis für Wissenschaftler

1 ☑

Was ist keine Wissenschaft?

a) ☐ Medizin
b) ☐ Chemie
c) ☐ Warschau
d) ☐ Physik

Was ist ein chemisches Element?

e) ☐ Radium
f) ☐ Labor
g) ☐ Luft
h) ☐ Krebs

Peters und Lisas viertes Schuljahr

Peter und Lisa sind Geschwister. Sie gehen beide in die 4. Klasse. In diesem Schuljahr hatten sie viele schöne, spannende und lustige Erlebnisse.

		Seite	Buchstabe
	Sie fuhren mit dem Fahrrad in den Urlaub und zelteten. Sie waren stolz darauf, dass sie umweltfreundlich reisten und nicht mit dem Flugzeug flogen.	2	R
	Zusammen mit Mama und Papa fanden sie ein altes Telefon im Keller. Lisa musste sofort ihrer besten Freundin Meliz davon erzählen. Sie konnten kaum glauben, dass es früher noch keine Smartphones gab.		N
	Sie trainierten Leichtathletik mit Elias und Flo. Ihr Trainer Leo gewann sogar eine Medaille bei den Paralympischen Spielen. Für Lisa und Peter ist er ein Vorbild. Sie möchten irgend-wann auch so erfolgreich sein wie Leo.		Ü
	Außerdem lernten sie einen Jungen kennen. Er kam aus Italien und konnte gut Gitarre spielen. Manche Mädchen aus der Klasse fanden ihn süß. Sie waren vielleicht sogar ein bisschen in ihn verliebt.		Ä
	In der Schule gab es einen Feueralarm, deshalb fiel Mathe aus. Das fand Lisa ganz besonders toll! Peter fand es lustig, dass die Erstklässler aufgeregt waren.		S
	Wie Anton verbrachten auch Lisa und Peter zu viel Zeit vor dem Fernseher und dem Tablet. Deshalb machten sie mit Mama und Papa einen Plan. Jetzt darf jeder nur noch eine Stunde am Tag diese Medien nutzen.		L

Lisa und Peter fanden es mutig, dass zwei Frauen schon vor über 100 Jahren ganz alleine um die Welt reisten – ohne Flugzeug und in weniger als 80 Tagen. Das will Lisa irgendwann auch machen.		S
Bei der Fahrradprüfung waren beide sehr aufgeregt. Peter fuhr sehr sicher. Lisa machte einen kleinen Fehler. Aber das war nicht schlimm. Sie bekamen beide ihren Fahrradführerschein.		F
Mit ihrer Klasse waren sie zu Besuch bei der Freiwilligen Feuerwehr. Dort durften sie in einem Feuerwehrauto sitzen. Sie hörten, dass es auch eine Kinderfeuerwehr gibt. Peter wollte sich gleich anmelden.		L
Es kam noch ein neuer Schüler in ihre Klasse. Zuerst fanden ihn alle doof, weil er gemein zu Mia und Ben war. Zum Glück lernten sie ihn dann besser kennen.		F
In der Schule dachten sie darüber nach, wie ihre Zukunft sein wird. Peter sagte: „Ich werde Pilot sein.“ Lisa träumte: „Ich werde Lehrerin sein und an einer Schule arbeiten.“		K
Ihre Lehrerin las der Klasse mehrere Bücher ihrer Lieblingsautorin Astrid Lindgren vor. Am besten gefiel Lisa „Pippi Langstrumpf“. Peter fand „Michel aus Lönneberga“ am lustigsten.		E
Am Ende des Schuljahres erfuhren sie mehr über die berühmte Wissenschaftlerin Marie Curie.		T

Peter und Lisa sind ein bisschen traurig, dass das vierte Schuljahr fast zu Ende ist. Aber sie freuen sich auch. Denn bald sind Sommerferien und dann sind Lisa und Peter ___ ___ ___ ___ ___ ___ ___ ___ ___ ___ ___ ___ R.

8 6 10 4 26 20 12 18 24 14 16 22 2

Wörterliste

	A	
das	**Alarmgerät**	S. 17
der	**Alarmton**	S. 15
	anbieten, boten an, haben angeboten, werden anbieten	S. 23
	arbeiten, arbeiteten, haben gearbeitet, werden arbeiten	S. 21
	aufstellen, stellten auf, haben aufgestellt, werden aufstellen	S. 15
die	**Ausbildung**	S. 17
	auspumpen, pumpten aus, haben ausgepumpt, werden auspumpen	S. 17
die	**Autorin**	S. 23
	B	
das	**Ballett**	S. 21
die	**Band**	S. 21
	begegnen, begegneten, sind begegnet, werden begegnen	S. 25
	beginnen, begannen, haben begonnen, werden beginnen	S. 9
die	**Behandlung**	S. 27
	bekommen, bekamen, haben bekommen, werden bekommen	S. 5
der	**Bericht**	S. 25
der	**Beruf**	S. 17
	berühmt	S. 21
	besichtigen, besichtigten, haben besichtigt, werden besichtigen	S. 23
	bleiben, blieben, sind geblieben, werden bleiben	S. 15
der	**Brand**	S. 17
	C	
der	**Chef**	S. 25
die	**Chemie**	S. 27
das	**chemische Element**	S. 27
	D	
	darüber	S. 19
	denken, dachten, haben gedacht, werden denken	S. 15
das	**Display**	S. 11
	doof	S. 9

	E	
	eingeben, gaben ein, haben eingegeben, werden eingeben	S. 11
	eingeklemmt	S. 17
der	**Einsatz**	S. 17
	elektronisch	S. 13
	entdecken, entdeckten, haben entdeckt, werden entdecken	S. 27
	erfahren, erfuhren, haben erfahren, werden erfahren	S. 13
	erfolgreich	S. 23
	ergänzen, ergänzten, haben ergänzt, werden ergänzen	S. 5
das	**Erlebnis**	S. 25
	erschrecken, erschraken, sind erschrocken, werden erschrecken	S. 9
	erstaunt	S. 13
	F	
	fahren, fuhren, sind gefahren, werden fahren	S. 5
	fallen, fielen, sind gefallen, werden fallen	S. 7
der	**Feueralarm**	S. 15
	feuerfest	S. 17
	finden, fanden, haben gefunden, werden finden	S. 5
	flicken, flickten, haben geflickt, werden flicken	S. 3
	fliegen, flogen, sind geflogen, werden fliegen	S. 21
	freiwillig	S. 17
der	**Führerschein**	S. 5
	G	
	geben, gaben, haben gegeben, werden geben	S. 15
die	**Gegend**	S. 23
	gehen, gingen, sind gegangen, werden gehen	S. 15
	gemein	S. 9
das	**Gerät**	S. 13
die	**Gitarre**	S. 19

Alle Verben mit den Personalformen Präteritum, Perfekt, Präsens und Futur:
www.das-uebungsheft.de/4401-58

H

haben, hatten, haben gehabt, werden haben S. 5
halten, hielten, haben gehalten, werden halten S. 5
die **Handwerkerlehre** S. 17
der **Haushalt** S. 25
helfen, halfen, haben geholfen, werden helfen S. 21
hintereinander S. 15
höchstens S. 13
hören, hörten, haben gehört, werden hören S. 15
der **Hörer** S. 11

I

im Bauch kribbeln, kribbelten, haben gekribbelt, werden kribbeln S. 19
im Internet surfen, surften, haben gesurft, werden surfen S. 11
die **Imbissbude** S. 3
das **Interview** S. 7

J

Jules Verne S. 25

K

das **Kabel** S. 11
die **Kindernachrichten** S. 3
die **Kindheit** S. 23
das **Klavier** S. 19
kleinwüchsig S. 7
komisch S. 9
der **Krebs** S. 27
kriechen, krochen, sind gekrochen, werden kriechen S. 3
kritisch S. 25

L

das **Labor** S. 27
das **Lachen ist ansteckend** S. 9
lassen, ließen, haben gelassen, werden lassen S. 15
die **Leichtathletik** S. 7
loben, lobten, haben gelobt, werden loben S. 15
lockig S. 19
löschen, löschten, haben gelöscht, werden löschen S. 17

M

machen, machten, haben gemacht, werden machen S. 21
die **Medaille** S. 7
die **Medizin** S. 27

N

die **Nachbarschule** S. 15
nehmen, nahmen, haben genommen, werden nehmen S. 15
New York S. 25
der **Nobelpreis** S. 27
nutzen, nutzten, haben genutzt, werden nutzen S. 13

O

der **Osten** S. 25

P

die **Paralympischen Spiele** S. 7
die **Physik** S. 27
der **Pilot** S. 21
planen, planten, haben geplant, werden planen S. 3
platt S. 3
die **praktische Fahrradprüfung** S. 5
die **Primaballerina** S. 21
pro S. 13
das **Problem** S. 7

R

der **Radanhänger** S. 3
radeln, radelten, sind geradelt, werden radeln S. 3
die **Radfahrausbildung** S. 5
das **Radium** S. 27
reisen, reisten, sind gereist, werden reisen S. 21
das **Reparaturset** S. 3
die **Reporterin** S. 25
die **Richtung** S. 25

Wörterliste

S

	schädlich	S. 3
der	**Schlafsack**	S. 3
	schreiben, schrieben, haben geschrieben, werden schreiben	S. 5
die	**schriftliche Fahrradprüfung**	S. 5
der	**Schulabschluss**	S. 17
der	**Schuppen**	S. 27
	Schweden	S. 23
	sehen, sahen, haben gesehen, werden sehen	S. 5
	sein, waren, sind gewesen, werden sein	S. 5
die	**Sekretärin**	S. 23
der	**Sieger**	S. 7
das	**Smartphone**	S. 11
	speziell	S. 11
	spielen, spielten, haben gespielt, werden spielen	S. 21
die	**Steckdose**	S. 11
	stehen, standen, haben gestanden, werden stehen	S. 21
die	**Stenografin**	S. 23
	Stockholm	S. 23
	streiten, stritten, haben gestritten, werden streiten	S. 7
	studieren, studierten, haben studiert, werden studieren	S. 27
	stürmen, stürmten, haben gestürmt, werden stürmen	S. 17

T

	tanzen, tanzten, haben getanzt, werden tanzen	S. 21
der	**Tipp**	S. 7
	tragen, trugen, haben getragen, werden tragen	S. 5
	treffen, trafen, haben getroffen, werden treffen	S. 21

U

	üben, übten, haben geübt, werden üben	S. 5
die	**Umwelt**	S. 3
	umweltfreundlich	S. 3
	unfreundlich	S. 25
	ungewöhnlich	S. 25
die	**Uniform**	S. 5
die	**Universität**	S. 27
der	**Unterschied**	S. 7
das	**Unwetter**	S. 17

V

	verdienen, verdienten, haben verdient, werden verdienen	S. 21
der	**Verein**	S. 7
die	**Verfilmung**	S. 23
das	**Verkehrsschild**	S. 5
die	**Verkehrsschule**	S. 5
der	**Verlag**	S. 23
	verlassen, verließen, haben verlassen, werden verlassen	S. 15
	vermitteln, vermittelten, haben vermittelt, werden vermitteln	S. 13
	veröffentlichen, veröffentlichten, haben veröffentlicht, werden veröffentlichen	S. 23
	Vimmerby	S. 23
	vollzählig	S. 15
das	**Vorbild**	S. 7

W

	wachsen, wuchsen, sind gewachsen, werden wachsen	S. 7
	Warschau	S. 27
der	**Westen**	S. 25
die	**Wimpern**	S. 19

Z

	zählen, zählten, haben gezählt, werden zählen	S. 15
	Zeit verbringen, **verbrachten**, haben verbracht, werden verbringen	S. 13
das	**Zelt**	S. 3
der	**Zeltplatz**	S. 3
die	**Zukunft**	S. 21
der	**Zukunftstraum**	S. 21
	zumachen, machten zu, haben zugemacht, werden zumachen	S. 15

Alle Verben mit den Personalformen Präteritum, Perfekt, Präsens und Futur:
www.das-uebungsheft.de/4401-58